Les immatriculations :

Les allées-venues :

Les horaires :

Notes personnelles :

<u>Les immatriculations :</u>

<u>Les allées-venues :</u>

<u>Les horaires :</u>

<u>Notes personnelles :</u>

<u>**Les immatriculations :**</u>

<u>**Les allées-venues :**</u>

<u>**Les horaires :**</u>

<u>**Notes personnelles :**</u>

Les immatriculations :

Les allées-venues :

Les horaires :

Notes personnelles :

Les immatriculations :

Les allées-venues :

Les horaires :

Notes personnelles :

Les immatriculations :

Les allées-venues :

Les horaires :

Notes personnelles :

Les immatriculations :

Les allées-venues :

Les horaires :

Notes personnelles :

Les immatriculations :

Les allées-venues :

Les horaires :

Notes personnelles :

Les immatriculations :

Les allées-venues :

Les horaires :

Notes personnelles :

<u>**Les immatriculations :**</u>

<u>**Les allées-venues :**</u>

<u>**Les horaires :**</u>

<u>**Notes personnelles :**</u>

Les immatriculations :

Les allées-venues :

Les horaires :

Notes personnelles :

Les immatriculations :

Les allées-venues :

Les horaires :

Notes personnelles :

<u>**Les immatriculations :**</u>

<u>**Les allées-venues :**</u>

<u>**Les horaires :**</u>

<u>**Notes personnelles :**</u>

Les immatriculations :

Les allées-venues :

Les horaires :

Notes personnelles :

Les immatriculations :

Les allées-venues :

Les horaires :

Notes personnelles :

Les immatriculations :

Les allées-venues :

Les horaires :

Notes personnelles :

Les immatriculations :

Les allées-venues :

Les horaires :

Notes personnelles :

Les immatriculations :

Les allées-venues :

Les horaires :

Notes personnelles :

Les immatriculations :

Les allées-venues :

Les horaires :

Notes personnelles :

Les immatriculations :

Les allées-venues :

Les horaires :

Notes personnelles :

Les immatriculations :

Les allées-venues :

Les horaires :

Notes personnelles :

<u>**Les immatriculations :**</u>

<u>**Les allées-venues :**</u>

<u>**Les horaires :**</u>

<u>**Notes personnelles :**</u>

<u>**Les immatriculations :**</u>

<u>**Les allées-venues :**</u>

<u>**Les horaires :**</u>

<u>**Notes personnelles :**</u>

Les immatriculations :

Les allées-venues :

Les horaires :

Notes personnelles :

Les immatriculations :

Les allées-venues :

Les horaires :

Notes personnelles :

Les immatriculations :

Les allées-venues :

Les horaires :

Notes personnelles :

Les immatriculations :

Les allées-venues :

Les horaires :

Notes personnelles :

<u>**Les immatriculations :**</u>

<u>**Les allées-venues :**</u>

<u>**Les horaires :**</u>

<u>**Notes personnelles :**</u>

Les immatriculations :

Les allées-venues :

Les horaires :

Notes personnelles :

<u>**Les immatriculations :**</u>

<u>**Les allées-venues :**</u>

<u>**Les horaires :**</u>

<u>**Notes personnelles :**</u>

Les immatriculations :

Les allées-venues :

Les horaires :

Notes personnelles :

Les immatriculations :

Les allées-venues :

Les horaires :

Notes personnelles :

Les immatriculations :

Les allées-venues :

Les horaires :

Notes personnelles :

Les immatriculations :

Les allées-venues :

Les horaires :

Notes personnelles :

Les immatriculations :

Les allées-venues :

Les horaires :

Notes personnelles :

Les immatriculations :

Les allées-venues :

Les horaires :

Notes personnelles :

Les immatriculations :

Les allées-venues :

Les horaires :

Notes personnelles :

Les immatriculations :

Les allées-venues :

Les horaires :

Notes personnelles :

Les immatriculations :

Les allées-venues :

Les horaires :

Notes personnelles :

Les immatriculations :

Les allées-venues :

Les horaires :

Notes personnelles :

Les immatriculations :

Les allées-venues :

Les horaires :

Notes personnelles :

Les immatriculations :

Les allées-venues :

Les horaires :

Notes personnelles :

<u>**Les immatriculations :**</u>

<u>**Les allées-venues :**</u>

<u>**Les horaires :**</u>

<u>**Notes personnelles :**</u>

Les immatriculations :

Les allées-venues :

Les horaires :

Notes personnelles :

Les immatriculations :

Les allées-venues :

Les horaires :

Notes personnelles :

<u>**Les immatriculations :**</u>

<u>**Les allées-venues :**</u>

<u>**Les horaires :**</u>

<u>**Notes personnelles :**</u>

Les immatriculations :

Les allées-venues :

Les horaires :

Notes personnelles :

<u>**Les immatriculations :**</u>

<u>**Les allées-venues :**</u>

<u>**Les horaires :**</u>

<u>**Notes personnelles :**</u>

Les immatriculations :

Les allées-venues :

Les horaires :

Notes personnelles :

Les immatriculations :

Les allées-venues :

Les horaires :

Notes personnelles :

Les immatriculations :

Les allées-venues :

Les horaires :

Notes personnelles :

Les immatriculations :

Les allées-venues :

Les horaires :

Notes personnelles :

Les immatriculations :

Les allées-venues :

Les horaires :

Notes personnelles :

<u>**Les immatriculations :**</u>

<u>**Les allées-venues :**</u>

<u>**Les horaires :**</u>

<u>**Notes personnelles :**</u>

Les immatriculations :

Les allées-venues :

Les horaires :

Notes personnelles :

Les immatriculations :

Les allées-venues :

Les horaires :

Notes personnelles :

Les immatriculations :

Les allées-venues :

Les horaires :

Notes personnelles :

Les immatriculations :

Les allées-venues :

Les horaires :

Notes personnelles :

<u>**Les immatriculations :**</u>

<u>**Les allées-venues :**</u>

<u>**Les horaires :**</u>

<u>**Notes personnelles :**</u>

Les immatriculations :

Les allées-venues :

Les horaires :

Notes personnelles :

Les immatriculations :

Les allées-venues :

Les horaires :

Notes personnelles :

Les immatriculations :

Les allées-venues :

Les horaires :

Notes personnelles :

Les immatriculations :

Les allées-venues :

Les horaires :

Notes personnelles :

Les immatriculations :

Les allées-venues :

Les horaires :

Notes personnelles :

Les immatriculations :

Les allées-venues :

Les horaires :

Notes personnelles :

<u>**Les immatriculations :**</u>

<u>**Les allées-venues :**</u>

<u>**Les horaires :**</u>

<u>**Notes personnelles :**</u>

<u>Les immatriculations :</u>

<u>Les allées-venues :</u>

<u>Les horaires :</u>

<u>Notes personnelles :</u>

<u>Les immatriculations :</u>

<u>Les allées-venues :</u>

<u>Les horaires :</u>

<u>Notes personnelles :</u>

Les immatriculations :

Les allées-venues :

Les horaires :

Notes personnelles :

Les immatriculations :

Les allées-venues :

Les horaires :

Notes personnelles :

Les immatriculations :

Les allées-venues :

Les horaires :

Notes personnelles :

Les immatriculations :

Les allées-venues :

Les horaires :

Notes personnelles :

<u>Les immatriculations :</u>

<u>Les allées-venues :</u>

<u>Les horaires :</u>

<u>Notes personnelles :</u>

Les immatriculations :

Les allées-venues :

Les horaires :

Notes personnelles :

<u>**Les immatriculations :**</u>

<u>**Les allées-venues :**</u>

<u>**Les horaires :**</u>

<u>**Notes personnelles :**</u>

Les immatriculations :

Les allées-venues :

Les horaires :

Notes personnelles :

Les immatriculations :

Les allées-venues :

Les horaires :

Notes personnelles :

Les immatriculations :

Les allées-venues :

Les horaires :

Notes personnelles :

Les immatriculations :

Les allées-venues :

Les horaires :

Notes personnelles :

Les immatriculations :

Les allées-venues :

Les horaires :

Notes personnelles :

Les immatriculations :

Les allées-venues :

Les horaires :

Notes personnelles :

<u>Les immatriculations :</u>

<u>Les allées-venues :</u>

<u>Les horaires :</u>

<u>Notes personnelles :</u>

<u>**Les immatriculations :**</u>

<u>**Les allées-venues :**</u>

<u>**Les horaires :**</u>

<u>**Notes personnelles :**</u>

Les immatriculations :

Les allées-venues :

Les horaires :

Notes personnelles :

Les immatriculations :

Les allées-venues :

Les horaires :

Notes personnelles :

Les immatriculations :

Les allées-venues :

Les horaires :

Notes personnelles :

Les immatriculations :

Les allées-venues :

Les horaires :

Notes personnelles :

Les immatriculations :

Les allées-venues :

Les horaires :

Notes personnelles :

Les immatriculations :

Les allées-venues :

Les horaires :

Notes personnelles :

<u>**Les immatriculations :**</u>

<u>**Les allées-venues :**</u>

<u>**Les horaires :**</u>

<u>**Notes personnelles :**</u>

Les immatriculations :

Les allées-venues :

Les horaires :

Notes personnelles :

Les immatriculations :

Les allées-venues :

Les horaires :

Notes personnelles :

Les immatriculations :

Les allées-venues :

Les horaires :

Notes personnelles :

Les immatriculations :

Les allées-venues :

Les horaires :

Notes personnelles :

Les immatriculations :

Les allées-venues :

Les horaires :

Notes personnelles :

Les immatriculations :

Les allées-venues :

Les horaires :

Notes personnelles :

Les immatriculations :

Les allées-venues :

Les horaires :

Notes personnelles :

Les immatriculations :

Les allées-venues :

Les horaires :

Notes personnelles :

Les immatriculations :

Les allées-venues :

Les horaires :

Notes personnelles :

Les immatriculations :

Les allées-venues :

Les horaires :

Notes personnelles :